Ferdl's
METAL-WÖRTERBUCH

Ferdl's

METAL-WÖRTERBUCH

von Thomas Glettler

Ersterscheinung: 2018.
Umschlaggestaltung, Illustration: Thomas Glettler.
***ISBN:** 9781976934254*
***Imprint:** Independently published*

Folgt dem Ferdl auf Facebook oder
besucht ihn im Web: www.derferdl.at

VORWÖRT

Lieber Leser, lieber Metalhead, lieber Ferdlfreund, ich möchte dich gar nicht lange aufhalten; immerhin warten in diesem schönen Buch über fünfzig Einträge – und Lacher, wie ich hoffe –, die sehr gut für sich selbst sprechen können.

Außerdem: wir sind doch beide aus dem selben Edelstahl geschnitzt, wissen beide, dass nichts über ein ordentliches Riff geht, genossen in ordentlicher Lautstärke, bevorzugt mit einer Hopfenkaltschale in der Linken und einer gereckten Pommesgabel in der Rechten. Wir wissen beide, dass kaum eine Musikrichtung oder Kunstform imstande ist, solche Leidenschaft hervorzurufen, wie der Heavy Metal; solche Emotionen zu beschreiben, solche Kraft zu entwickeln und solch eine bunte und facettenreiche Musiklandschaft hervorzubringen, wie wir sie heute kennen.

Deshalb, ich hatte es versprochen, bedarf es keiner langen Vorreden. Nur so viel: meiner Meinung nach ist das einzige, das *noch besser* ist, als Metal zu genießen, über ihn zu sprechen: mit Freunden, mit Gleichgesinnten, mit Menschen, die wissen, was man meint, wenn man sagt: *dieses Solo ist für die Ewigkeit! Diese Hookline geht mir nicht mehr aus dem Kopf!*

Und genau dafür soll dieses Buch dienen: um dieser Leidenschaft, im wahrsten Sinne des Wortes, *Ausdruck* zu verleihen... und natürlich, um Spaß zu haben!

Für all jene, die dem Metal Ferdl schon einmal begegnet sind, irgendwo da draußen, im Internet (und

vermutlich deswegen dieses Buch in Händen halten), ist dies nichts Neues.
Allen anderen möchte ich sagen: herzlich willkommen in der Familie! Ich würde mich sehr freuen, wenn wir uns bald mal wiedersehen; vielleicht irgendwo da draußen, im Internet, vielleicht auf einem Konzert oder Festival, vielleicht in einem anderen Buch. Wer weiß?

In diesem Sinne wünsche ich dir viel Vergnügen mit dem vorliegenden Wörterbuch.
Prost, keep on rocking, stay trve und bleib so, wie du bist.

- der Ferdl, Januar 2018

VÖKABEL VON Ä-Z

acc•ept•en

***Verb**. Sich verhalten wie ein fleischgewordener Altherrenwitz; od. sinnbildlich: Brontosaurier mit Bandana (weil Haarausfall).*

"Herr Knutmann acceptete der Kellnerin unter den Rock. Dann stieg er auf seine Harley und fuhr nach Hause, um an früher zu denken."

ac•dc (sein)

***Adjektiv**. alt, schrumpelig, sich ständig wiederholend, z.T. auf verhalten charmante Weise.*

"Er sah seiner Frau ins Gesicht. Es sah sehr acdc aus."

alk•bottlen

Verb*. Österreichisch. Das eigene (meist musikalische) Repertoire auf den zu erwartenden Alkoholisierungsgrad des potentiellen Publikums abstimmen.*

"Allein an diesem Nachmittag hatte er fünf Songtexte fertig gealkbottled."

amon•amarthen

Verb*. Vgl.: Pathologische Realitätsverweigerung; sich so lange in eine (meist fantastische) Vorstellung oder Behauptung vertiefen, bis man sie selbst glaubt.*

"»Schau Mutti, ich bin jetzt ein Wikinger«, amonamarthte Heinzi mit voller Windel."

SCHEISSE,
AMON AMARTH-
JEDES MAL!!!
PIETHER

DENKT DARAN: GEWALT IST NICHT IMMER DIE LUSTIGSTE LÖSUNG !!!
Plettier

a•morph•issen

Verb. *Über hundert Mal das selbe Lied schreiben.*

"Was?! SO viele Lieder müssen auf ein Album?! Tja, shit, dann müssen wir wohl amorphissen."

anth•rax•en

Verb. *Sich darüber wundern, dass es etwas oder jemanden tatsächlich immer noch lebt.*

"Er sah ein Foto von Kirk Douglas und anthraxte sich sehr."

arch•enemien

***Verb**. Stundenlang (meist stockbesoffen) darüber streiten, wie bestimmte Bandnamen auszusprechen sind; für gewöhnlich in Verbindung mit inexistenten Englischkenntnissen.*

"Sie archenemieten so lange, bis sie sich in die Fressen boxten."

battle•beasten

***Verb** (selten). Patti Smith, Doro Pesch und die kompletten 80er in einen Mixer stopfen und sehen, welche Brühe hinten rauskommt.*

"Er battlebeastete und stellte es auf YouTube, um 500.000 Likes abzugreifen."

DAS ZWEITLIEBSTE HOBBY DES METALLERS: DARÜBER DISKUTIEREN, WIE MAN BAND-NAMEN AUSSPRICHT!

black•sabbathen

Verb. *Im gefühlten Wochentakt die Besetzung wechseln (und dazwischen legendär sein). Auch: So oft und so lange aufhören, bis einem das Leben die Entscheidung abnimmt.*

coheed•and•cambriern

Verb. *Eine Metalband gründen, weil man einsieht, dass StarTrek-, Anime- oder C#-Kenntnisse noch niemandem jemals dabei geholfen haben, eine Frau ins Bett zu bekommen.*

"Traurig loggte er sich aus dem Forum aus und verstaute das Picard-Kostüm im Schrank. Zeit, sein Leben zu coheedandcambriern!"

cradle•of•filthen

Verb. *Sich gruselig kostümiert schratartig gebähren, vornehmlich, um abends (sehr) kleine Kinder zu erschrecken. Vgl. "Rumpelstilzchen".*

"Tagsüber arbeitete er als Liliputaner beim Film. Abends aber ging er cradleoffilthen."

crunch•en

Verb. *Wie ein kleines Mädchen zornig herum jammern (teils musikalisch; i.d.R. kommerziell erfolgreich). Siehe auch: "nu-mettln". Beendet für gewöhnlich den Zustand des "hair-mettln".*

"Er crunchte ein wenig, dann blies er sich die Rübe weg."

OHNE DISTURBED WÄRE ES IN MUCKIBUDEN WIRKLICH ENTSETZLICH LEISE...
Diettrich

deep•purplen

***Verb**. Sich selbst, respektive den eigenen Mythos überleben.*

"Er deeppurplte und spielte zum sechs millionsten Mal 'Smoke on the Water'."

dis•tur•ben

***Verb**. Sich ständig wiederholende Lautfetzen von sich geben; als Phänomen meistens in der Nähe von Muskelaufbaugeräten zu finden.*

"»Hamma-Hamma-Hammahammama«, disturbte er, aber niemand half ihm."

dream•theatern

Verb. *Eine Tätigkeit unnötig kompliziert ausführen, meist in angeberischer Absicht.*

"Er dreamtheaterte mit dem Fuß in der Nase."

en•si•fer•um (sein)

Adjektiv. *So aussehen, wie "Humpa-Humpa" klingt.*

"Samstags bin ich immer sehr ensiferum."

ferdln

Verb. *Tagsüber Unmengen an Bier saufen, um dann nachts im Internet sein Unwesen zu treiben.*

"Wenn Klein Dieter einmal groß war, wollte er nur bumsen und ferdln."

grand•magus (sein)

Adjektiv. *Wie Manowar, nur auf Valium und ohne Peinlichkeiten.*

"Im Vergleich zu Conan dem Barbaren ist Conan O'Brien total grandmagus."

grave•diggern

Verb*. Über einen sehr langen Zeitraum hinweg sehr viele Werke abliefern, ohne, dass es jemand merkt.*

"Der Serienmörder Uwe gravediggerte, nur leider nicht in musikalischer Hinsicht."

hair•mettln

Verb*. Sich schminken wie eines von den GoldenGirls, um in Spandexhosen Lieder übers Bumsen zu singen. Wird für gewöhnlich durch den Zustand des "Crunchen" abgelöst.*

"Holger hätte niemals eine abbekommen. Doch zum Glück war 1988 und er konnte immer noch hairmettln."

HAARE GEWASCHEN – DAS NEUE JAHR KANN KOMMEN !

(ein) Hamm•er•fall

Nomen*. Eine unerfreuliche Konsequenz, die typischerweise eintritt, wenn eine Dungeons & Dragons-Runde mal etwas im Freien unternimmt.*

"Peterchen, besser bekannt als 'Heros der Arkane', spielte Boccia mit seinen Freunden und brach sie dabei beide Arme - ein typischer Hammerfall."

hard•rocken

Verb*. Eine Band in einer Zeitepoche betreiben, in welcher die 'Beatles' od. 'Rolling Stones' als babyfressende Satanisten gelten.*

"»Kinners, wir hardrockten schon, da gab's noch Telegramme«, sagte Käptn Blaubär."

HAMMERFALL VERSUCHEN, EIN NEUES ALBUM AUFZUNEHMEN: SIE WÜRFELN W20 UND ERHALTEN +3 GLORY-SCHAFFEN ABER NUR EINE 7 !!! SCHADE !!!
CHOOSE YOUR

hello•weenen

Verb*. "Häwwi Mättl" spielen, der mit jeder Faser so derart deutsch-deutsch ist, dass, aus dem kalten Grab heraus, selbst Helmut Kohl ein wenig fremdeln würde.*

"»Hannelore!«, rief er stramm, »jetzt holen wir uns 'ne Riester Rente bei der Hannoverschen und dann geh'n wa schön helloweenen!«"

(ein) Iced•earth

Nomen*. Ein frei erwerbliches Produkt-Konvolut bestehend aus: 1) einem Kasten Bier, 2) fünfundzwanzig Packungen Marlboro, 3) einem Wärmepflaster gegen Rückenbeschwerden, 4) einer US-Flagge (optional mit Bürgerkriegs- und/oder Weißkopfseeadler-Details).*

"Tach, haben Sie noch ein Icedearth da?"

judas•priesten

Verb. *Die Existenz aller Kalenderjahre nach 1983 leugnen.*

"Die nackte Frau am Kalender gefiel ihm, den Rest aber judaspriestete er."

jag•panzer (sein)

Adjektiv. *Unter Ausschluss der Öffentlichkeit geil sein.*

"Total jagpanzer saß ich am Scheißhaus."

korn•en

Verb. *Sinngemäß: "das war von vornherein eine ganz schlechte Idee", oder (kontextabhängig): "dazu fällt mir jetzt echt nichts mehr ein".*

"Sie versuchten, ein Album aufzunehmen, kornten aber nur."

kre•a•tor•en

Verb. *Wahllos sinnentleerte Begriffe aus "Violence", "Chaos" und "Gods" bilden müssen; meistens zwanghaft.*

"»Ich nehme den Chaosviolence of Gods mit Kartoffelsalat, bitte«, kreatorte er."

GRÜNDE HEUTE NOCH DEINE EIGENE BAND!! DENN EIN METALLICA/MAIDEN/SABBATH REICHT DER WELT NOCH LANGE NICHT!!!

NEIN, MEIN FREUND– DEIN T-SHIRT IST LÄCHERLICH ... !!!
MANOWAR
BODY OF STEEL

(ein) Lacuna•coil

Nomen*. Ein beliebtes italienisches Gericht, bestehend aus vier Würstchen und einer Sahneschnitte.*

"Ich hätte Bock auf ein Lacunacoil, aber ohne die Würstchen."

man•o•waren

Verb*. Sich durch eine betont maskuline Tätigkeit (un)freiwillig der Lächerlichkeit preisgeben.*

"Er manowarte den Nagel mit bloßen Händen in die Wand."

IM NÄCHSTEN METAL HAMMER KOMMT EIN SECHSSEITIGER SENSATIONSBERICHT ÜBER DIE METAL-NACHWUCHSBAND, DIE 2016 DREI EURO VERDIENT HAT! GEIL!

mega•dethen

Verb. *Scheiße labern und dazwischen ein wenig Musik machen.*

"Im Proberaum megadethten sie meistens nur."

metal•hammern

Verb. *Gegen Bezahlung dämliche Lobeshymnen auf die Böhsen Onkelz schreiben.*

"Wotan kündigte seinen beschissenen Job. Er metalhammerte jetzt."

met•all•i•cern

***Verb**. Erfolgreich vortäuschen, eine Metalband zu sein.*

"Jetzt metallicern wir Napster und dann metallicern wir einen beschissenen Film raus."

(die) Mötley•Crue•Formel

***Nomen**. Meint eine mathematische Formel, mit deren Hilfe das Alter einer geeigneten Partnerin ermittelt werden kann: (eigenes Alter / 3) + 7.*

YOU CAN'T KILL THE METAL !!!
... AUSSER METALLICA. DIE KÖNNTEN'S NOCH SCHAFFEN

night•wish•en

***Verb**. Sich gesetzlich unauffällig 16-jährigen Mädchen nähern.*

"Heinrich wollte nicht in den Knast, also nightwishte er lieber."

nu•mettln

***Verb**. Siehe "Crunchen", nur härter, aber genauso schlecht.*

opeth•en

Verb. *Veraltet. So lange Deathmetal-Alben aufnehmen, bis man plötzlich eine Folkrock-Band ist.*

"Er ging als Mann schlafen und opethte als Frau auf."

pan•ter•ern

Verb. *Einen auf Ami-Redneck machen und anschließend Trump auf Twitter folgen.*

"Letzten Sommer hatte er seine Cousine gepanterert."

power•mettln

Verb. *Schlager-Pop zum Besten geben, aber (vermutlich als Teil eines bizarren Sozialexperimentes) als Metalband auftreten.*

“Und dann powermettln wir beim Silbereisen!”

power•wolfen

Verb. *Sich (verzweifelt) eine Nische suchen und ggf. eine finden (die so dämlich ist, dass sie logischerweise noch niemand besetzt).*

“»Metal plus... Seife. Nö. Metal plus Kochen. Nö. Plus Roboter. Auch nicht. Metal plus Kirche! Ha!«, powerwolfte er.”

queens•rychen

***Verb**. Einem Kind, das sich mit einem Geschwisterchen über ein Spielzeug streitet, jenes Spielzeug einfach nochmal kaufen (damit, herrgottnochmal, endlich Ruhe ist).*

"Chantall, beruhige dich, ich queensryche dir den Scheiß einfach."

ramm•steinen

***Verb**. Zwanghaft alles und jeden mit fraglichen Sexualpraktiken in Zusammenhang bringen.*

"»Mit Extra Gürkchen, bitte«, rammsteinte er."

ratt (sein)

Adjektiv. *Wenig überzeugend als Frau verkleidet. Vgl.: "Dude (looks like a lady)".*

"Sie war wahrscheinlich ratt, aber scheiß drauf."

running•wild (sein)

Adjektiv. *Der Wahnvorstellung verfallen, ein talentierter Musiker und/oder Pirat zu sein.*

"Runningwild spielte er ein irres Luftgitarrensolo auf der Rumpulle."

AHA... „MAIDEN MACHEN SO LANGE WEITER, BIS SIE ALLE AUSSEHEN, WIE EDDIE..."
...ALSO NOCH SO EIN-ZWEI JAHRE.
Pletten

(ein) Sa•ba•ton

Nomen. *Eine psychische Störung, die den Betroffenen Krieg und dergleichen als "cool" wahrnehmen lässt.*

"Tut mir leid, Sie haben Sabaton im Endstadium."

slay•ern

Verb. *Reflexartig, unkontrolliert und wie ein Volldepp "Slayer" schreien, sobald sich mehr als drei Menschen in Hörreichweite befinden.*

"An der Wursttheke musste er slayern."

NOCH POMMES DAZU ?
SLAYEEER!!!
Plettier

slip•knotten

Verb. *Sich eine Maske anziehen, weil einem a) die Kohle ausgeht und man mal eben eine Bank überfallen muss (selten), oder b) die eigene Musik extrem peinlich ist.*

"»Mal sehen, ob man damit Geld verdienen kann. Sonst hab ich noch einen Plan B«, sagte Ulrich und slipknottete."

tess•er•acten

Verb. *Einen Laptop mit einem Musikinstrument verwechseln.*

"Er tesseractete ordentlich und zog seinem Dell neue Saiten auf."

tool•en

Verb*. Ein altes Pink Floyd-Album langsam und von hinten nach vorne abspielen.*

“»Ich weiß nicht warum«, sagte er, »aber wir könnten doch mal Dark Side of the Moon toolen.«”

viking•mettln

Verb*. So tun, als wären Wikinger derbe Metalheads gewesen (und keine primitiven, frühmittelalterlichen, fischfressenden Arschgeigen).*

“»Und hier sehen wir eine E-Gitarre. Sie wurde von den Wikingern, scheiß 800 nach Christus erfunden«, vikingmettlete er.”

vol•beaten

Verb. *Ausnahmslos allen Menschen, Tieren, Pflanzen, Pilzen, Mineralien, Erzen, Gesteinen, Planeten und anderweitigen chemischen Verbindungen, sowie Licht- und Energiewellen und dem 14 Milliarden Jahre alten Urknall selbst mit seiner "Musik" auf den Sack gehen.*

"Dieter volbeatete."

BÖNUS-TRÄCKS

death•mettln

Verb. *Eine Band gründen, ohne jemanden zu kennen, der singen kann.*

"Scheiß drauf, dann deathmettln wir eben."

black•mettln

Verb. *Eine Band gründen, ohne jemanden zu kennen, der singen kann oder etwas von Tontechnik versteht.*

"Scheiß drauf, dann blackmettln wir eben."

punk•en

***Verb**. Eine Band gründen, ohne jemanden zu kennen, der singen kann oder etwas von Tontechnik versteht oder ein Instrument beherrscht.*

"Scheiß drauf, dann punken wir eben."

noise•mettln

***Verb**. Eine Band gründen, ohne jemanden zu kennen, der singen kann oder etwas von Tontechnik versteht oder ein Instrument beherrscht oder ein funktionierendes Gehör besitzt.*

"Scheiß drauf, dann noisemettln wir eben."

black•mettl•projekten

***Verb**. Eine Band gründen, ohne irgendjemanden zu kennen.*

"Scheiß drauf."